「ストウブ」で、パン

ロティ・オラン　堀田誠

河出書房新社

CONTENTS

基本の高加水パンを作りましょう

VARIATION

○ 計量を正確にするため、材料はすべてgではかっています。
○ 本書では電気オーブンを使いましたが、ガスオーブンの焼成温度や時間も記載しています。ただし、電気もガスも機種によって多少焼き加減が異なるので、焼き色を見ながら調整してください。
○ 発酵時間は環境によって多少異なる場合があります。1.5倍、2倍などの膨らみ具合を見て確認してください。
○ 材料は、ストウブの鍋の17㎝と23㎝のオーバル、18㎝のラウンドに共通です。

カンパーニュ風の高加水パンを作りましょう

フォカッチャ風の高加水パンを作りましょう

のせて、はさんで楽しむ高加水パン

高加水パンとは……

ふつうのパンより水分量が多いため、

手でまとめにくい生地のパンのこと。

強くこねることができないので、

「混ぜる」作業がこねることになります。

ストウブの鍋で焼く高加水パンは、

使う道具が少なく手を汚すことも、

粉が飛び散ることもないので、

初めてでも簡単に作れます。

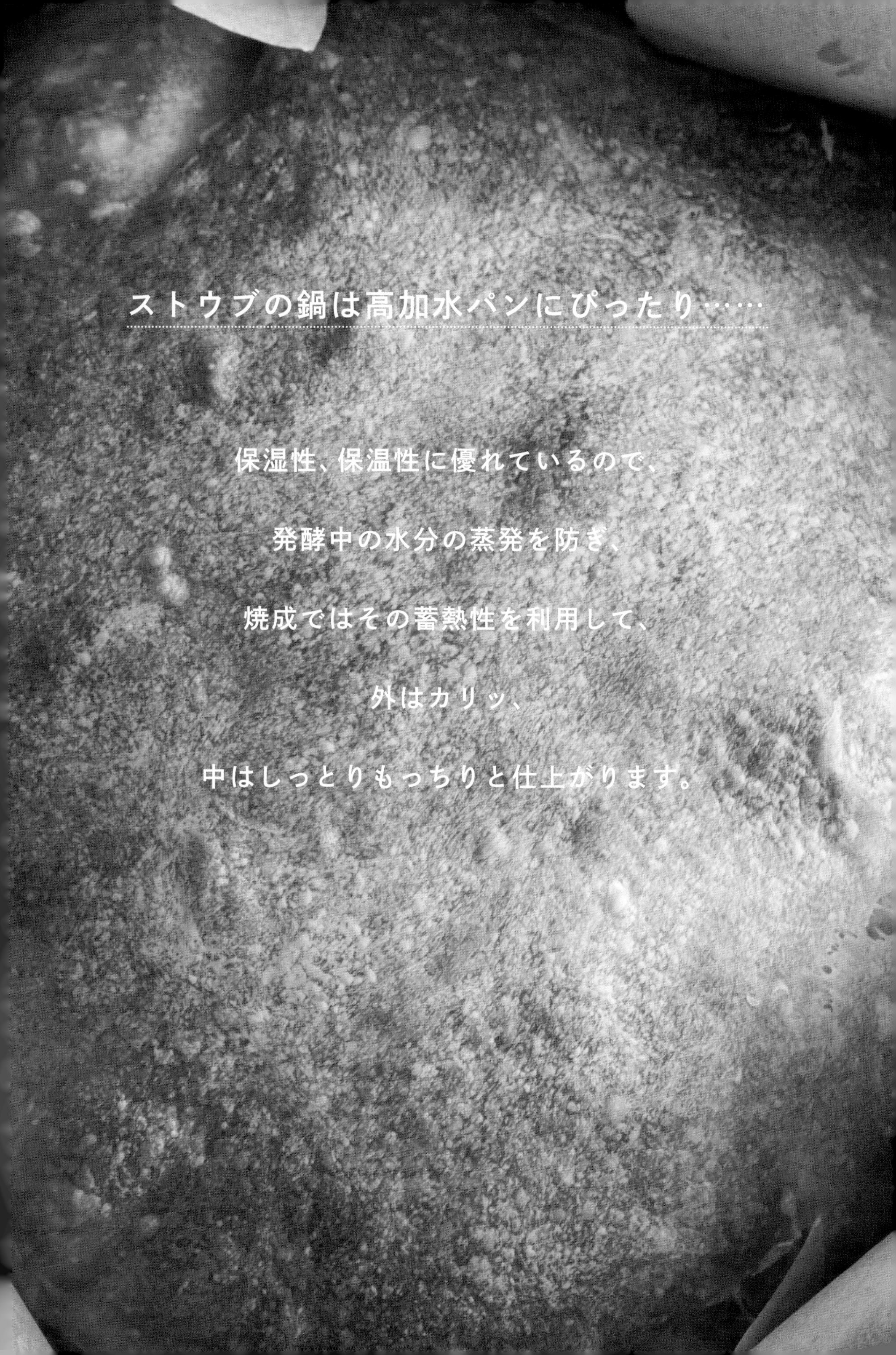

ストウブの鍋は高加水パンにぴったり……

保湿性、保温性に優れているので、

発酵中の水分の蒸発を防ぎ、

焼成ではその蓄熱性を利用して、

外はカリッ、

中はしっとりもっちりと仕上がります。

基本の材料は４つ

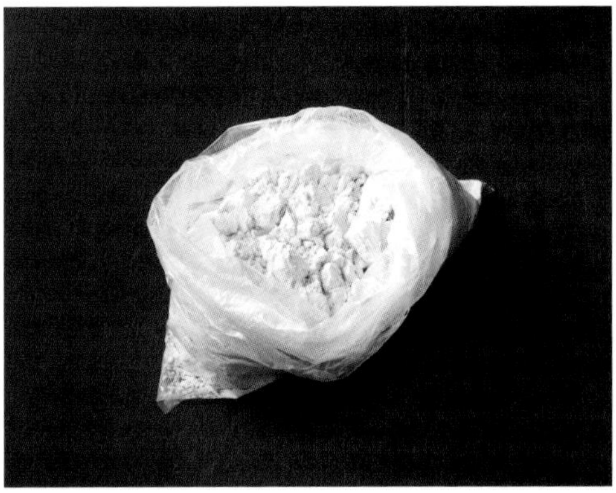

準強力粉

どっしりとした生地に向く。ふんわりとした生地にしたい場合は強力粉を。

＊味を強く感じる国産小麦粉がおすすめ。粉を選ぶときは袋に書いてある「灰分量」をチェック。灰分量とはミネラル分のこと。0.4％以上のものを選ぶと深い味わいに仕上がる。

塩

基本的にはどんな塩でもいいが、本書では深い味わいに仕上げるため、ミネラル分が多い天然塩を使う。

インスタントドライイースト

シンプルなパン用と糖分の多いパン用（耐糖性）のイーストがある。ここで使うのはシンプルなパン用。

水

軟水と硬水があるが、本書では軟水を使う。浄水器を通した水やペットボトルの水（硬度30～50）。

基本の道具は6つ

密閉容器

生地作りから一次発酵まで、これひとつ。半透明のものを使うと、外から膨らむ様子が見えるし、ふたがついているのでラップもいらない。ボウルも使わなくてもすむ。ここでは14×14×高さ7㎝の容器を使用。

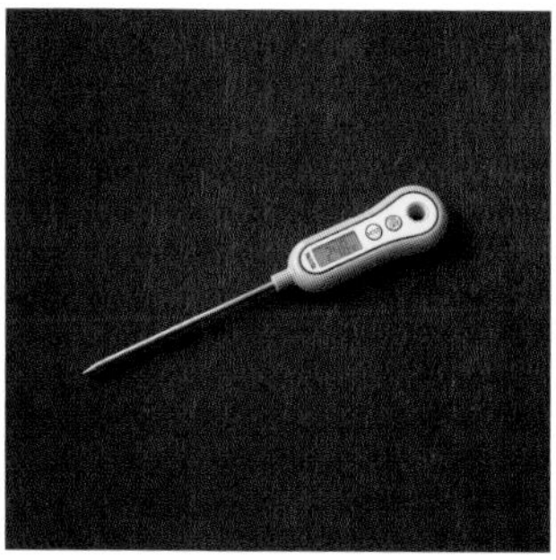

温度計

生地をこね上げたときの温度が大切なので、粉と水の温度をはかる食品用温度計。室温をはかるにはキャップをはずしてそのまま出しておけばよい。

はかり

デジタルはかり(できれば2㎏まではかれるもの)と、イーストや塩の量を正確にはかるため、0.1gまではかれる微量デジタルはかり(スプーンタイプが便利)。

ゴムべら

水分がとても多い生地なので手で混ぜると手に生地がくっついてしまうため、ゴムべらを使う。グルテンを壊さないようにやさしく混ぜるのがコツ。

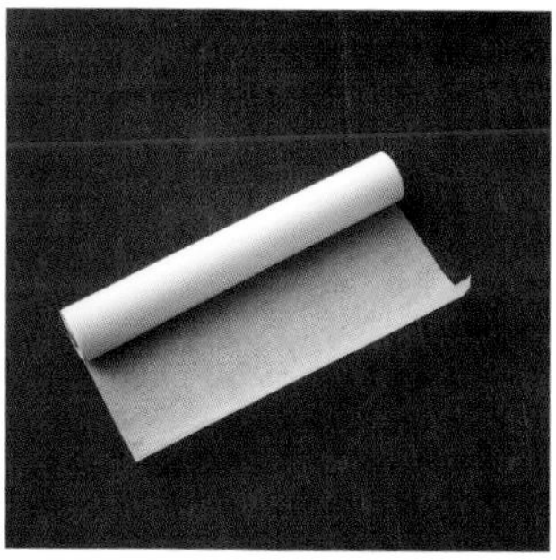

オーブンシート

生地を入れるときに鍋底に敷く。生地がくっつくのを防ぐため。

ストウブの鍋

二次発酵から焼成まで、これひとつ。保湿性、保温性、熱伝導がいいことが、高加水パン作りには好都合。外はカリッ、中はもっちりの仕上がりに。本書では17㎝と23㎝のオーバル、18㎝のラウンドを使用。

高加水パンを作るときの2つのポイント

生地の温度

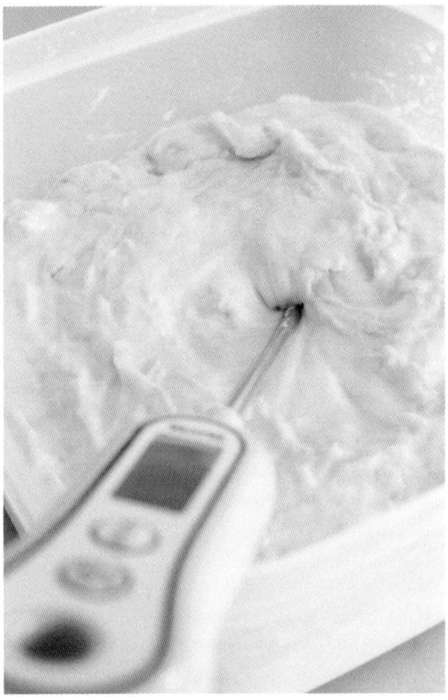

生地が膨らむのはイーストが発酵するから。
イーストは生きているので温度によって
発酵の状態や進み方が変わります。
適切な温度で発酵を促すようにするとおいしいパンが焼けます。

□ こね上げ温度のこと

こね上げ温度とは生地を混ぜるときの温度。
本書では、「25℃」に設定します。
こね上げ温度25℃にするには、

「室温＋粉の温度＋水の温度＝75」にすること。

例えば室温が25℃の場合。
粉を室温に出しておいた場合は、粉の温度は25℃なので、
75－25－25＝25℃の水を加えます。
粉を冷蔵庫に保存していた場合は、粉の温度が10℃なら、
75－25－10＝40℃の水を加えます。

生地はやさしく均一に混ぜる

高加水パンは触り過ぎると力をかけ過ぎることになり、
生地が壊れて膨らみが悪くなります。
混ぜるときはやさしく、
そして均一に混ざるようにていねいに行いましょう。

オーブンシートの敷き方

ストウブの鍋でパンを焼くときは、はじめる前にオーブンシートを敷いておきましょう（すべてのパンに共通）。オーブンシートを30×35㎝の長方形に切り、写真のように10カ所切り込みを入れ、鍋の壁面に添わせて、ぴったりと敷きます（17㎝、18㎝、23㎝の鍋に共通）。

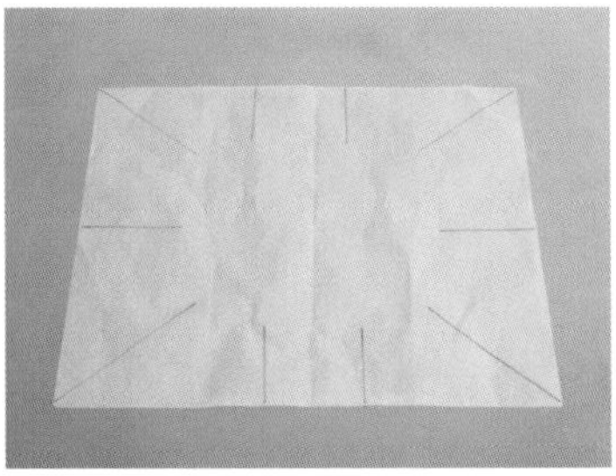

パンが焼き上がったら……

焼きたては切りにくいので、冷めてから切ってください。残ったら、冷凍用保存袋に入れて冷凍庫で保存し、なるべく早く食べましょう。食べるときは自然解凍してから、軽くトーストするとおいしい。

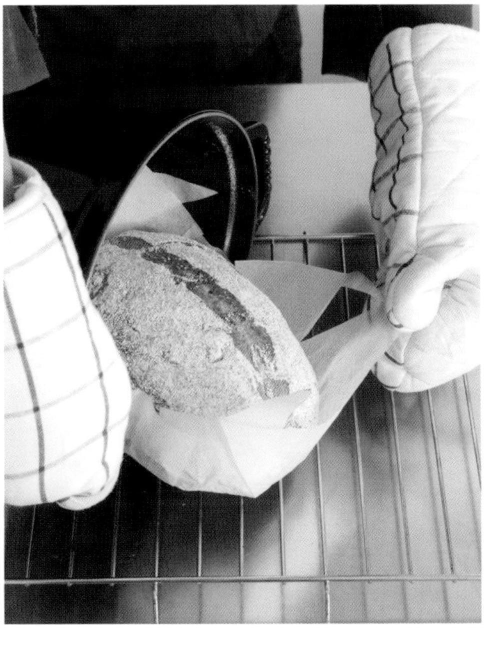

STAUB
LA COCOTTE
STAUB

ストウブの鍋の特徴

ストウブの鍋（ピコ・ココット）は、1974年にフランスの有名シェフたちによって考案されました。だからこそ、プロ仕様でもある優れた特性を持った優等生の鍋です。

□ 構造の特徴

でき上がった鋳物の表面には液状のホーローを吹きつけて、800℃で30分焼成するエマイユ加工が施され、保湿性、保温性、保冷性に優れています。また、ふたの裏面についている丸い突起（ピコ）は、鍋が温まってきたときに食材から出た水分が蒸気になり、その蒸気が対流して水滴となり、このピコを伝って鍋中にまんべんなくふり注ぎます。
パンを焼く場合、ピコのおかげで乾燥を防ぐことができます。また、ふたの取っ手が金属製で高温に耐えられる構造なので、ふたをしたままオーブンに入れられます。すると、石釜のようにしっかり蓄熱ができるので、じっくり熱が伝わって生地が膨らみ、ステーキのように表面は香ばしく、中はしっとりとしたおいしいパンが焼き上がります。

□ ほとんどの熱源に対応

パンを焼く場合は、オーブンを使いますが、ストウブの鍋はガスの直火、IH、ハロゲンヒーターなどのほとんどの熱源に対応します。ただし、電子レンジは不可なので注意してください。

□ 種類もいろいろ

本書では下記の３タイプの鍋を使用しましたが、ストウブの鍋は形も色も豊富です。形は大きく丸形のラウンドと楕円形のオーバルがあり、定番サイズのラウンドは10㎝と14㎝から2㎝間隔で24㎝まで。オーバルは11㎝、15㎝、17㎝、23㎝、27㎝。色はブラック、グレー、マスタードなどの定番カラーをはじめ、新色も次々に出ています。

＊ ツヴィリング J.A. ヘンケルスジャパン公式オンラインショップ（P80参照）では、業務用サイズのラウンドで34㎝まで、オーバルだと41㎝までのサイズを販売しています。

■ 本書で使うストウブの鍋

本書では、

17㎝と23㎝のオーバル、18㎝のラウンド

を使用しています。

生地の分量と焼き時間はすべてに共通

なので、手元にあるいずれかの鍋でチャレンジしてください。ただし、焼き上がりの形は17㎝と23㎝のオーバルでは少し異なります。17㎝の方が高さが出ます。
各レシピの材料には、"○㎝のラウンド１台分"など、そのページで使われている鍋を記載していますが、上記の３タイプの鍋なら、どれでもOKです。

はじめに

高加水パンは“もちもち”の食感を楽しむのですが、生地がべたべたして柔らかく扱いづらいため、初心者には難しいと思っていました。しかし、ストウブの鍋を使えば、鍋の中で二次発酵ができ、そのままオーブンに入れられるので、やわらかい生地をつぶすこともないし、ふたをすれば乾燥も防ぐことができます。これなら、初心者でもきっと高加水パンが作れると確信しました。

そこで、私のパン職人時代の経験を生かしながら、初心者でも失敗しない高加水パンの作り方を考えました。すると、粉を密閉容器で計量すれば、一次発酵→混ぜる、までこの容器一つででき、これをストウブの鍋に入れると、二次発酵→焼成までできたのです。しかも、粉が飛び散ることも、手を汚すこともありません。普通のパン作りのようにこねるワザもいらないから、思い立ったらすぐに作れます。

本書では基本の高加水パンからカンパーニュ風、フォカッチャ風とステップアップしてご紹介しています。まずは基本の高加水パンを作ってみてください。外はカリッ、中はもっちりのパンができ上がったら、次々にチャレンジを。きっと高加水パンのとりこになるはずです。

パン作りは難しい、と思っていた方も、ストウブの鍋があればもう安心！　料理だけでなくパン作りでも大活躍します。そして手軽に高加水パン作りを楽しんでいただけることを心から願っています。

堀田 誠

基本の高加水パンを作りましょう

道具も少なく、手も汚さずにすべての作業ができます。生地はやさしくていねいに扱うことが大切。基本の高加水パンにチャレンジしたら、粉や水分をかえたり、具を加えたりしてレパートリーを増やしましょう。

基本の高加水パン

前日に一次発酵を行い、当日に二次発酵をして焼き上げます。
気をつけるのは水の温度と生地の混ぜ方。
作り方の写真を参考にしながら作ってください。

材料　18cmのラウンド1台分

準強力粉	300g
インスタントドライイースト	0.6g
塩	5.4g
水	240g

準備　当日

鍋にオーブンシートを敷く(P9参照)。

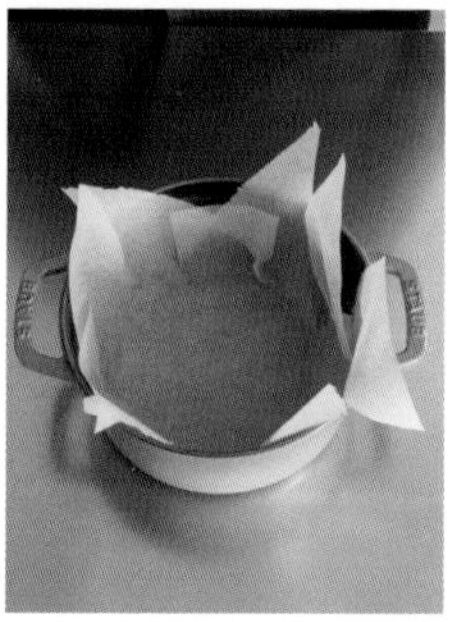

イーストのこと

イーストには3種類あります。酵母が生きているので扱いが難しい生イースト。予備発酵が必要なドライイースト。予備発酵の必要がなく、発酵力が一番強いインスタントドライイースト。本書では初心者に扱いやすいインスタントドライイーストで、でんぷん由来のえさを好むシンプルなパン用のものを使います。

STAUB

作り方 前日

STEP 1
粉とイーストをはかる

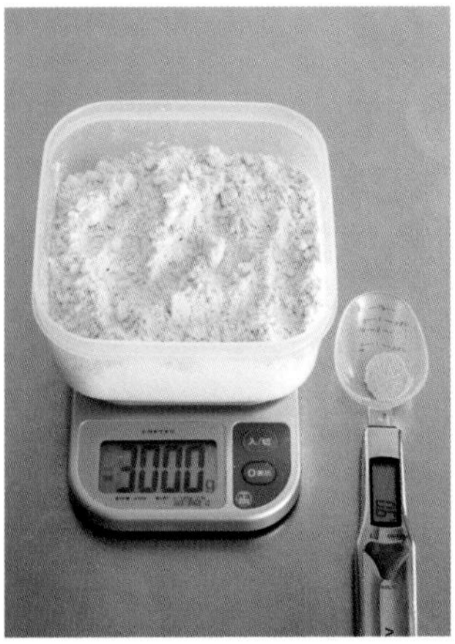

密閉容器をはかりにのせて粉をはかり、イーストは微量はかりではかって粉の上に入れる。

STEP 2
混ぜる

ゴムべらで下から上に持ち上げるようにして軽く数回混ぜ、片側に寄せる。

STEP 3
塩を加える

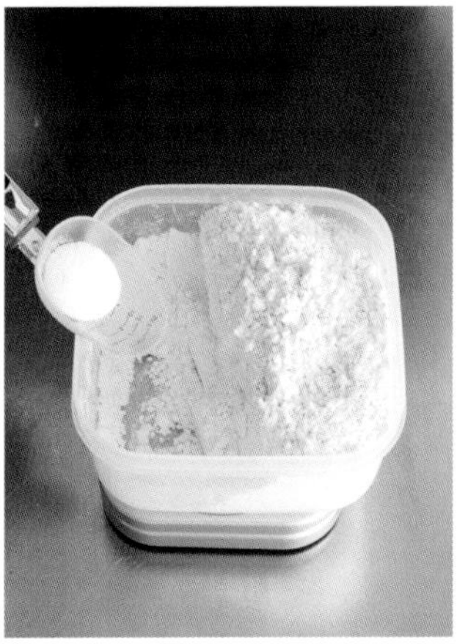

塩を微量はかりではかって、**2**のあいたところに入れる。

STEP 4
水の温度を決める

水の温度をはかり、「75－室温－粉の温度＝水の温度」にする。
＊温度が低いときは湯を、高いときは冷水や氷を加えて調整する。

STEP 5
水を加える

3のあいたところに水を注ぎ入れる。はかりの数字を見ながら分量の水を入れる。

STEP 6

混ぜる

ゴムべらで粉を少しずつくずしながら水と混ぜていく。

絶対に強い力で勢いよく混ぜないこと！　やさしくゆっくりと。容器が大き過ぎると混ぜ過ぎるので、少し小さめくらいのものがおすすめ。

8割方混ざったら、全体をやさしく大きく混ぜる。

粉っぽさがなくなってひとかたまりになったら完了。

STEP 7

ならす

ゴムべらで平らにならす。

STEP 8

一次発酵

ふたをして30℃で1時間発酵後、冷蔵庫で一晩休ませる。

発酵機能がついているオーブンは、それを利用すると便利。室温(25℃)なら2時間くらい。目安はやや膨らむ程度。

＊冷蔵庫で時間をかけて低温発酵させることで、適度なうまみが出てくる。

1.5倍に膨らみます！

一晩というのは、冷蔵庫に入れてから10時間以上と考えてください。密閉容器のふたをあけて、右の写真くらいに膨らんでいればOK。

STEP 9

混ぜる

冷蔵庫から出してふたをあけ、ゴムべらで生地を中心に向かって持ち上げる→ねじる→そのまま落とす、を容器を回しながら、一周で8回くらい行う。

＊こうすると、グルテンが強くなってふんわりもっちりとしたパンに仕上がる。

角にゴムべらを入れる。

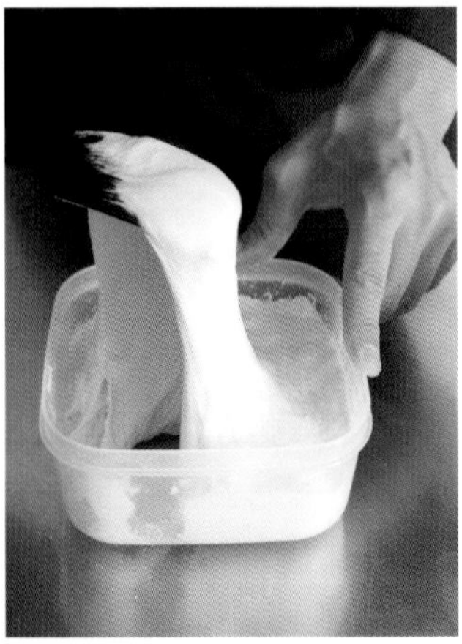

中心に向かって持ち上げる。

ねじる。

そのまま落とす。

STEP 10

鍋に入れる

準備した鍋に、**9**を入れる。

STEP 11

二次発酵

ふたをして30℃で1時間発酵。

発酵機能がついているオーブンは、それを利用すると便利。室温(25℃)なら1時間30分くらい。膨らむ目安は約1.5倍。

STEP 12

焼成

電気オーブン＝250℃に予熱する。250℃で15分、ふたを取って20～25分焼く。
ガスオーブン＝230℃に予熱する。230℃で15分、ふたを取って15～20分焼く。

10のふたをあけて、生地が膨らんだことを確かめる。

予熱したオーブンへ入れて15分焼く。

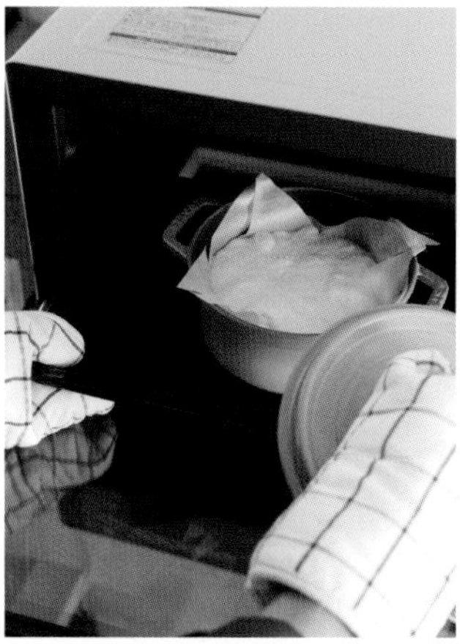

オーブンをあけてふたを取り、再び20～25分焼く。

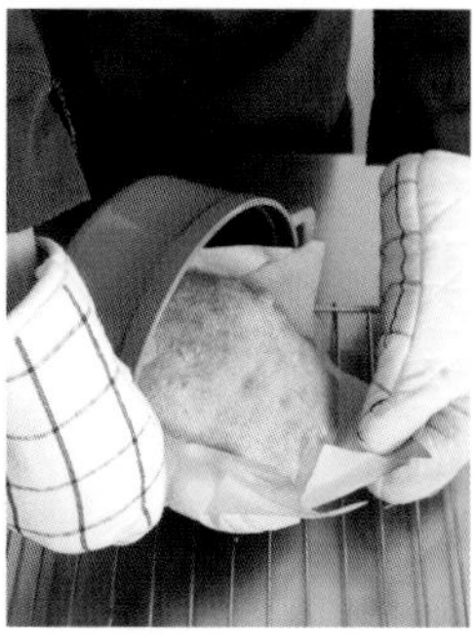

鍋から取り出して冷ます。

VARIATION

粉や水を別のものにかえたり、
具を加えることで、
基本のパンのバリエーションがぐんと広がります。
どれも鍋にオーブンシートを敷いてからはじめましょう（P9参照）。

小麦全粒粉

→材料と作り方／ P22

セモリナ粉

→材料と作り方／ P22

コーングリッツ

→材料と作り方／P23

ふすま

→材料と作り方／P23

{ 粉をかえる }

基本のパンの準強力粉に他の粉を入れると、
違った食感や味のパンになります。
加える量＋準強力粉＝300gになるようにします。

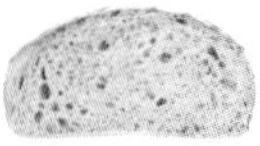

小麦全粒粉

小麦の香りが存分に楽しめます。
コクのあるリコッタチーズや生ハムが好相性。

材料　23㎝のオーバル1台分

準強力粉	240g
小麦全粒粉	60g
インスタントドライイースト	0.6g
塩	5.4g
水	240g
小麦全粒粉	適量

準備と作り方

基本的に、準備(P14)、
基本の作り方(P16 ～ 19)と同じ。

ただし、**STEP 1**で、粉といっしょに小麦全粒粉もはかる。**STEP 10**で、小麦全粒粉適量を鍋底にふってから生地を入れ、小麦全粒粉適量をふる。

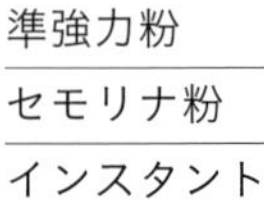

セモリナ粉

パスタやピザに使うセモリナ粉。
トマトとチーズでピザ風トーストにすれば絶品です。

材料　23㎝のオーバル1台分

準強力粉	240g
セモリナ粉	60g
インスタントドライイースト	0.6g
塩	5.4g
水	240g
セモリナ粉	適量

準備と作り方

基本的に、準備(P14)、
基本の作り方(P16 ～ 19)と同じ。

ただし、**STEP 1**で、粉といっしょにセモリナ粉もはかる。**STEP 10**で、セモリナ粉適量を鍋底にふってから生地を入れ、セモリナ粉適量をふる。

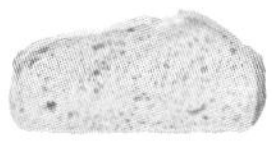

コーングリッツ

とうもろこし粉のパン。
イングリッシュマフィン風にベーコンエッグをのせてどうぞ！

材料　18㎝のラウンド1台分

準強力粉	240g
コーングリッツ	60g
インスタントドライイースト	0.6g
塩	5.4g
水	240g
コーングリッツ	適量

準備と作り方

基本的に、準備(P14)、
基本の作り方(P16～19)と同じ。

ただし、**STEP 1**で、粉といっしょにコーングリッツもはかる。**STEP 10**で、コーングリッツ適量を鍋底にふってから生地を入れ、コーングリッツ適量をふる。

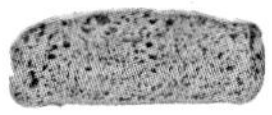

ふすま

どっしりとして小麦の香りもしっかり味わえます。
ハーブをきかせたサラダが好相性。

材料　23㎝のオーバル1台分

準強力粉	240g
ふすま	60g
インスタントドライイースト	0.6g
塩	5.4g
水	240g
ふすま	適量

準備と作り方

基本的に、準備(P14)、
基本の作り方(P16～19)と同じ。

ただし、**STEP 1**で、粉といっしょにふすまもはかる。**STEP 10**で、ふすま適量を鍋底にふってから生地を入れ、ふすま適量をふる。

ココア

→材料と作り方／P26

抹茶

→材料と作り方／P26

コーヒー

→材料と作り方／ P27

アーモンドパウダー

→材料と作り方／ P27

ココア

カカオ風味でポリフェノールたっぷり。
オレンジマーマレードやピーナツバターで。

材料　23cmのオーバル1台分

準強力粉	285g
ココアパウダー	15g
インスタントドライイースト	0.6g
塩	5.4g
水	240g
準強力粉	適量

準備と作り方

基本的に、準備(P14)、
基本の作り方(P16 ~ 19)と同じ。

ただし、**STEP 1** で、粉といっしょにココアパウダーもはかる。**STEP 10** で、準強力粉適量を鍋底にふってから生地を入れ、準強力粉適量をふる。

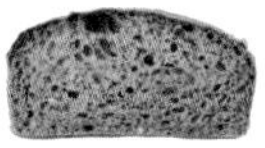

抹茶

和風のもっちりパン。
あんこはもちろん、和風のおかずともよく合います。

材料　23cmのオーバル1台分

準強力粉	297g
抹茶パウダー	3g
インスタントドライイースト	0.6g
塩	5.4g
水	240g
準強力粉	適量

準備と作り方

基本的に、準備(P14)、
基本の作り方(P16 ~ 19)と同じ。

ただし、**STEP 1** で、粉といっしょに茶こしでふるった抹茶パウダーもはかる。**STEP 10** で、準強力粉適量を鍋底にふってから生地を入れる。

コーヒー

**インスタントコーヒーを溶かして使います。
バターにシナモンシュガーをかけて。**

材料　23㎝のオーバル1台分	
準強力粉	291g
インスタントコーヒー	9g
インスタントドライイースト	0.6g
塩	5.4g
水	240g
準強力粉	適量
コーヒー豆(焙煎豆)	適量

準備と作り方

**基本的に、準備(P14)、
基本の作り方(P16～19)と同じ。**

ただし、**STEP3～5**で、塩を加えたあとにインスタントコーヒーを加え、分量の水から約50gを入れてインスタントコーヒーを溶かす。溶けたら残りの水を加える。**STEP10**で、準強力粉を鍋底にふってから生地を入れ、コーヒー豆適量をつける。

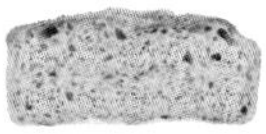

アーモンドパウダー

**アーモンドの風味とコクが味わえるパンです。
他のナッツ入りサラダをはさんで。**

材料　18㎝のラウンド1台分	
準強力粉	270g
アーモンドパウダー	30g
インスタントドライイースト	0.6g
塩	5.4g
水	240g
アーモンドパウダー	適量

準備と作り方

**基本的に、準備(P14)、
基本の作り方(P16～19)と同じ。**

ただし、**STEP1**で、粉といっしょにアーモンドパウダーもはかる。**STEP10**で、アーモンドパウダー適量を鍋底にふってから生地を入れ、アーモンドパウダー適量をふる。

{ 水分をかえる }

基本のパンの水を他の水分にかえると、
違った色や味のパンになります。

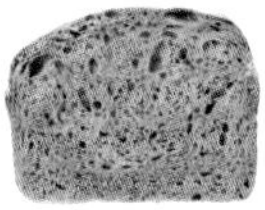

ぶどうジュース

水分にぶどう味をプラス。
いちごジャムなどのフルーツジャムと合わせてどうぞ。

材料　17cmのオーバル1台分

準強力粉	300g
インスタントドライイースト	0.6g
塩	5.4g
ぶどうジュース(100%)	120g
水	120g
準強力粉	適量

準備と作り方

基本的に、準備(P14)、
基本の作り方(P16～19)と同じ。

ただし、**STEP5**で、ぶどうジュースと水を入れる。**STEP10**で、準強力粉適量を鍋底にふってから生地を入れ、準強力粉適量をふる。

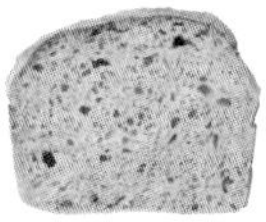

トマトジュース

リコピンたっぷりのパン。
シンプルにスライスチーズだけで食べてもgood！

材料　17cmのオーバル1台分

準強力粉	300g
インスタントドライイースト	0.6g
塩	5.4g
トマトジュース(100%)	120g
水	120g
準強力粉	適量

準備と作り方

基本的に、準備(P14)、
基本の作り方(P16～19)と同じ。

ただし、**STEP5**で、トマトジュースと水を入れる。**STEP10**で、準強力粉適量を鍋底にふってから生地を入れる。

{ 具を入れる }

1種類、あるいは2種類の具を入れると、
いろいろな食感や味を楽しめるパンができます。
好みの具材を加えて作ってみましょう。

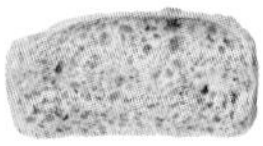

紅茶

パンとティーをいっしょに食べるおしゃれパン。
フレンチトーストにしてもおいしい！

材料　23㎝のオーバル1台分

準強力粉	300g
紅茶の茶葉（ティーバッグ）	1g
インスタントドライイースト	0.6g
塩	5.4g
水	240g
準強力粉	適量

準備と作り方

基本的に、準備（P14）、
基本の作り方（P16 ～ 19）と同じ。

ただし、**STEP 1**で、粉といっしょに紅茶の茶葉もはかる。茶葉が大きいときは、ポリ袋に入れてめん棒などでたたいて細かくする。**STEP 10**で、準強力粉適量を鍋底にふってから生地を入れる。

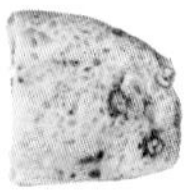

甘納豆

焼いたときにくずれない豆を使うのがポイント。
甘いおもちを食べる感覚でどうぞ。

材料　23㎝のオーバル1台分

準強力粉	300g
甘納豆	90g
インスタントドライイースト	0.6g
塩	5.4g
水	240g
準強力粉	適量

準備と作り方

基本的に、準備（P14）、
基本の作り方（P16 ～ 19）と同じ。

ただし、**STEP 6**で、粉っぽさがなくなる少し手前で甘納豆を加える。**STEP 10**で、準強力粉適量を鍋底にふってから生地を入れ、準強力粉適量をふる。

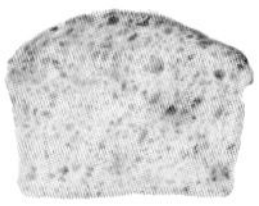

フライドオニオン

**フライドオニオンの香ばしさを閉じ込めました。
シーザーサラダやカリカリベーコンと。**

材料　17㎝のオーバル1台分

準強力粉	300g
フライドオニオン	15g
インスタントドライイースト	0.6g
塩	5.4g
水	240g
準強力粉	適量

準備と作り方

**基本的に、準備(P14)、
基本の作り方(P16 ～ 19)と同じ。**

ただし、**STEP 1**で、粉といっしょにフライドオニオンもはかる。**STEP 10**で、準強力粉適量を鍋底にふってから生地を入れ、準強力粉適量をふる。

角切りベーコン

**ベーコンのうまみをかみしめて味わえます。
トーストしてオムレツなどといっしょに。**

材料　18㎝のラウンド1台分

準強力粉	300g
厚切りベーコン	90g
インスタントドライイースト	0.6g
塩	5.4g
水	240g
準強力粉	適量

準備と作り方

**基本的に、準備(P14)、
基本の作り方(P16 ～ 19)と同じ。**

ただし、**STEP6**で、粉っぽさがなくなる少し手前で、1.5㎝角に切った厚切りベーコンを加える。**STEP10**で、準強力粉適量を鍋底にふってから生地を入れる。

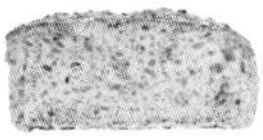

押し麦

ミネラルたっぷりの健康パン。
魚介サラダなどとよく合います。

材料　18cmのラウンド1台分

準強力粉	300g
押し麦	30g
熱湯	30g
インスタントドライイースト	0.6g
塩	5.4g
水	240g
押し麦	適量

準備と作り方

基本的に、準備(P14)、
基本の作り方(P16～19)と同じ。

ただし、押し麦は熱湯に入れてラップをかけ、30分ほどふやかす。**STEP 6**で、粉っぽさがなくなる少し手前で押し麦を加える。**STEP 10**で、押し麦(ふやかしていないもの)適量を鍋底にふってから生地を入れ、押し麦(ふやかしていないもの)適量をふる。

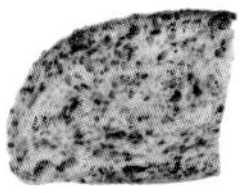

黒ごま

ごまの風味がたまりません。
ピーナツバターをぬって食べると深い味わいに。

材料　23cmのオーバル1台分

準強力粉	300g
黒いりごま	30g
インスタントドライイースト	0.6g
塩	5.4g
水	240g
黒いりごま	適量
準強力粉	適量

準備と作り方

基本的に、準備(P14)、
基本の作り方(P16～19)と同じ。

ただし、**STEP 1**で、粉といっしょに黒ごまもはかる。**STEP 10**で、準強力粉適量を鍋底にふってから生地を入れ、黒ごま適量をふる。

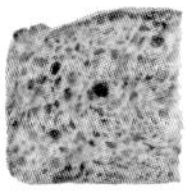

青のりちりめん

磯の香りがほんのり。
山椒でピリリとアクセントをきかせたパンです。

材料　23㎝のオーバル1台分

準強力粉	300g
青のり	3g
インスタントドライイースト	0.6g
塩	5.4g
水	240g
ちりめん山椒(市販)	15g
準強力粉	適量

準備と作り方

基本的に、準備(P14)、
基本の作り方(P16～19)と同じ。

ただし、**STEP 1** で、粉といっしょに青のりもはかる。**STEP 6** で、粉っぽさがなくなる少し手前でちりめん山椒を加える。**STEP 10** で、準強力粉適量を鍋底にふってから生地を入れる。

コーンチーズ

みんなが好きなコーンとチーズの2つの素材。
クラムチャウダーなどに浸して食べても美味です。

材料　18㎝のラウンド1台分

準強力粉	300g
インスタントドライイースト	0.6g
塩	5.4g
水	240g
コーン(缶詰・ホール)	60g
とろけるチーズ(シュレッド)	60g
コーングリッツ	適量

準備と作り方

基本的に、準備(P14)、
基本の作り方(P16～19)と同じ。

ただし、**STEP 6** で、粉っぽさがなくなる少し手前で、ざるに上げて水けをきったコーンとチーズを加える。**STEP 10** で、コーングリッツ適量を鍋底にふってから生地を入れ、コーングリッツ適量をふる。

ハーブトマト

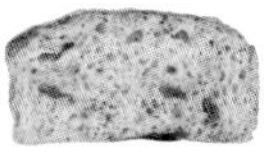

好みのドライハーブでいろいろ楽しんで。
クリームチーズで食べてもおいしい！

材料　23cmのオーバル1台分	
準強力粉	300g
ミックスドライハーブ（市販）	1g
インスタントドライイースト	0.6g
塩	5.4g
水	240g
セミドライトマトのオイル漬け（市販）	60g
セモリナ粉	適量

準備と作り方

基本的に、準備（P14）、
基本の作り方（P16～19）と同じ。

ただし、**STEP 1**で、粉といっしょにミックスドライハーブもはかる。**STEP 6**で、粉っぽさがなくなる少し手前で、1.5cm幅に切ったセミドライトマトを加える。**STEP 10**で、セモリナ粉適量を鍋底にふってから生地を入れる。

チョコピスタチオ

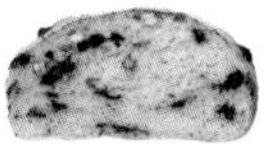

溶けたチョコとピスタチオの香ばしさ＆食感が絶品！
おやつパンとしても楽しめます。

材料　18cmのラウンド1台分	
準強力粉	300g
インスタントドライイースト	0.6g
塩	5.4g
水	240g
チョコチップ（製菓用）	60g
ピスタチオ（殻をむいたもの／生／無塩）	30g
準強力粉	適量

準備と作り方

基本的に、準備（P14）、
基本の作り方（P16～19）と同じ。

ただし、**STEP 6**で、粉っぽさがなくなる少し手前でチョコチップとピスタチオを加える。**STEP 10**で、準強力粉適量を鍋底にふってから生地を入れ、準強力粉適量をふる。

高加水パン作りの素朴な疑問

パンを作る工程は、
それぞれちゃんとした理論があってのこと。
そんな工程のなぜ？　にお答えします。

発酵させると生地が膨らむのはなぜ？

パンが膨らむのは、**酵母（英語でイースト）が活動したことで起こる現象**です。酵母は微生物の中のある種の菌を総称する呼び名。酵母は生きているので、活動しやすい条件（温度、酸素、栄養素など）がそろえば、パン生地の栄養を取り込みながら活発に活動し、分裂を繰り返します（発酵）。発酵がはじまると、生地内のでんぷんや麦芽糖をブドウ糖に分解し、酵母の中に取り込んで消化したのち、炭酸ガスを排出します。この**炭酸ガスの発生で生地が膨らむ**のです。

こね上げ温度が大切なのはなぜ？

こね上げ温度によってなにが異なってくるかというと、**生地の膨らみと味の濃さ**です。通常、酵母の活動は28 ～ 30℃が適温ですが、作業を行う間は**少し低め（本書では25℃）に設定**し、**発酵の段階で30℃**にします。これは炭酸ガスを少し遅らせてたくさん出すようにするため。もちろん作業中も温度が低いからといって酵母が活動していないのではなく、えさとなる糖分があるためゆっくりと活動しているので、作業は手早く行いましょう。

グルテンはどうやってできるの？

小麦粉に含まれる成分の中で、パン作りに大きな関わりを持つのは**タンパク質**と**でんぷん**です。小麦のタンパク質に含まれる**グリアジン（べたべたに伸びる性質）**と**グルテニン（縮もうとする性質）**はパンの骨格作りに欠かせない成分で、水を吸収したところに力を加えると、グルテンという網目状の組織を作ります。グルテンは、**粘り**と**弾力**をあわせ持ち、発酵で生まれた**炭酸ガスを生地の中に閉じ込めながら四方に伸びて**いきます。また、小麦粉のでんぷんは酵母の栄養源となる他、グルテンと結びついてパンの骨格を支えます。

切り込み（クープ）を入れるのはなぜ？

本書ではカンパーニュ風の高加水パンでクープを入れました。これは、**グルテンがすくなめのライ麦粉を使ったハードパンだから**。ハードパンは、生地内の炭酸ガス（気泡）に熱が入り、少し遅れて生地内の水分が水蒸気に変わって、この気泡を広げ、押し上げていきます。クープを入れておくと、その部分は生地が弱いので、自然と弱い部分に向かって生地内の気泡が広がっていき、**生地にストレスをかけることなく伸びる**ことができるのです。そしてガスの抜け道もできます。

カンパーニュ風の高加水パンを作りましょう

基本の高加水パンの粉にライ麦粉を加えると、ずっしりと重いカンパーニュ風のハードパンができます。基本の高加水パンと異なるのは、イーストの量を少し減らすことと、混ぜたあと常温に3時間置いてから冷蔵庫に入れること。ライ麦の香りが苦手な人が多いので、ナッツや洋酒漬けのフルーツなどを加えて仕上げます。

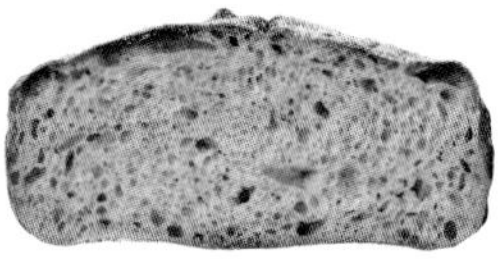

基本のカンパーニュ風高加水パン

前日に一次発酵を行い、当日に二次発酵をして焼き上げます。
生地を混ぜるとき、中央に重ねるようにするのがポイント。
グルテンを少し強くして焼き上げます。

材料　23㎝のオーバル1台分	
準強力粉	240g
小麦全粒粉	30g
粗びきライ麦粉	30g
インスタントドライイースト	0.3g
塩	6g
水	225g
粗びきライ麦粉	適量

当日

準備

オーブンシート(P9参照)を敷いた鍋にライ麦粉適量をふる。

＊焦げつき防止とカンパーニュらしい味を出すため。

ライ麦粉のこと

ライ麦も小麦と同じイネ科の植物で、種子を粉にしたものがライ麦粉です。ライ麦粉の一番の特徴は、ライ麦タンパクの中にグルテニンがとても少ないため、グルテンを作りにくいこと。パンの骨格作りに必要な粘りと弾力のうち、ライ麦粉だけでは粘りしか生まれないので、小麦粉を混ぜて使います。

作り方 **前日**

STEP 1

粉とイーストをはかる

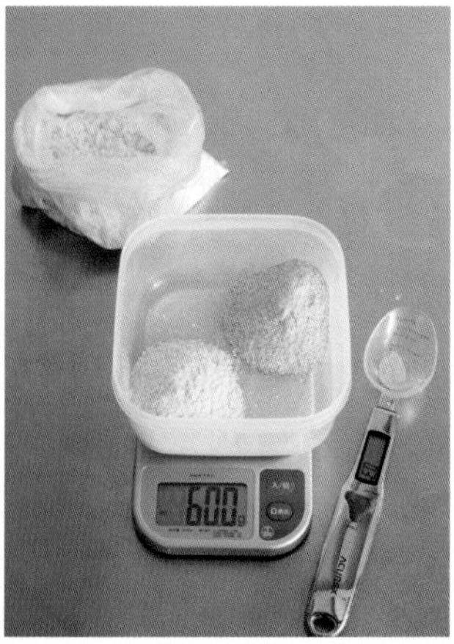

密閉容器をはかりにのせて小麦全粒粉とライ麦粉を対角線の隅にはかって入れる(別々にしておくと、どちらかを入れ過ぎたときに戻しやすい)。ここへ準強力粉をはかりながら加え、微量はかりではかったイーストを入れる。

STEP 2

混ぜる

ゴムべらで下から上に持ち上げるようにして軽く数回混ぜ、片側に寄せる。

STEP 3

塩を加える

塩を微量はかりではかって、**2**のあいたところに入れる。

STEP 4

水の温度を決める

水の温度をはかり、「75－室温－粉の温度＝水の温度」にする。

＊温度が低いときは湯を、高いときは冷水や氷を加えて調整する。

STEP 5

水を加える

3のあいたところに水を注ぎ入れる。はかりの数字を見ながら分量の水を加える。

STEP 6

混ぜる

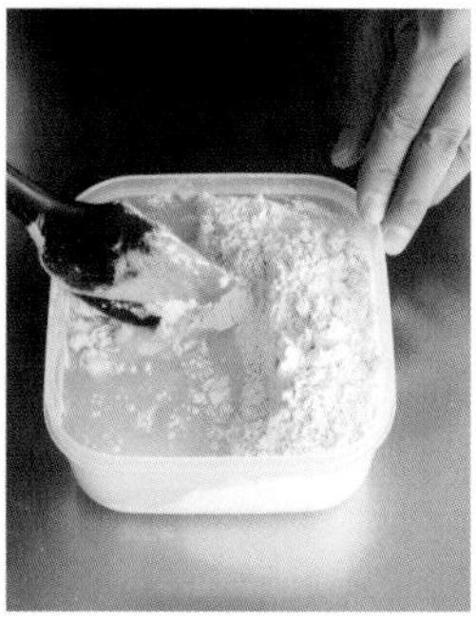

ゴムべらで粉を少しずつくずしながら水と混ぜていく。

絶対に強い力で勢いよく混ぜないこと！　やさしくゆっくりと。容器が大き過ぎると混ぜ過ぎるので、少し小さめくらいのものがおすすめ。

8割方混ざったら、全体をやさしく大きく混ぜる。

粉っぽさがなくなるまで繰り返す。

STEP 7

ならす

ゴムべらで平らにならす。

STEP 8

一次発酵

ふたをして30℃で3時間発酵後、冷蔵庫で一晩休ませる。

発酵機能がついているオーブンは、それを利用すると便利。室温(25℃)なら5〜6時間。膨らむ目安は約1.5倍。

＊冷蔵庫で時間をかけて低温発酵させることで、適度な酸味やうまみが出てくる。

作り方 当日

2倍に膨らみます！

一晩というのは、冷蔵庫に入れてから10時間以上と考えてください。密閉容器のふたをあけて右の写真くらいに膨らんでいれば大丈夫です。

STEP 9

混ぜる

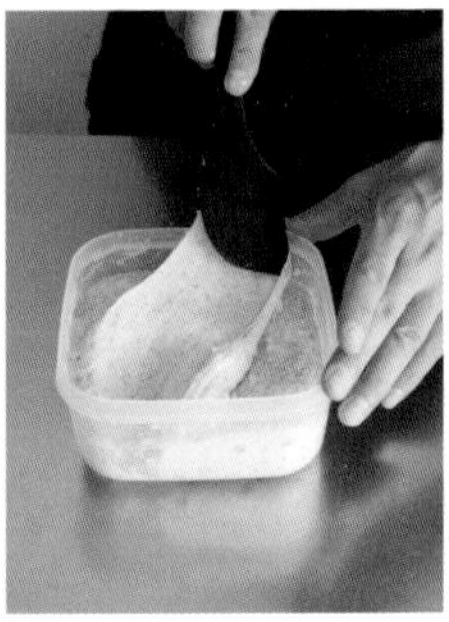

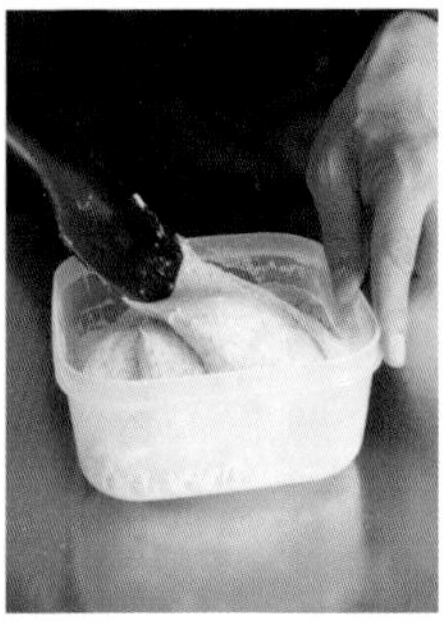

冷蔵庫から出してふたをあけ、ゴムべらで生地をすくって中心に向かって持ち上げる→そのまま落とす、を容器を回しながら繰り返し、中央に生地を重ねていく。

＊こうすると、グルテンが少し強くなって、もっちりとしたパンに仕上がる。8回くらい行って、表面がなめらかになったら完了。

STEP 10

鍋に入れる

準備した鍋に、**9**を入れる。

STEP 11

二次発酵

ふたをして30℃で
40分発酵。

発酵機能がついているオーブンは、それを利用すると便利。室温(25℃)なら1時間30分くらい。膨らむ目安は約1.5倍。

STEP 12

ライ麦粉をふる

生地の表面に、茶こしでライ麦粉適量をふる。

STEP 13

切り込み(クープ)を入れる

はさみで中央に深さ1cmくらいの切り込みを入れる。
＊こうすると、発酵でできた炭酸ガスがオーブンで温まって膨張したとき、ガスの抜け道になる。

STEP 14

焼成

電気オーブン＝250℃に予熱する。250℃で15分、ふたを取って25～30分焼く。
ガスオーブン＝230℃に予熱する。230℃で15分、ふたを取って15～20分焼く。

予熱したオーブンへ入れて15分焼く。

オーブンをあけてふたを取り、再び25～30分焼く。

鍋から取り出して冷ます。

VARIATION

カンパーニュ風高加水パンは、
いろいろな具材を加えることでライ麦の香りをおさえます。
ナッツやドライフルーツ、煮きったお酒などを加えると、
かみしめて食べると深い味わいのハードパンが完成します。

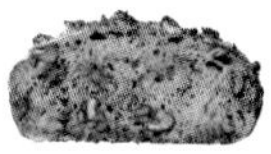

クルミ

素朴な田舎風のパン。
サラダから肉料理まで、どんな食材ともよく合います。

材料　18㎝のラウンド1台分

準強力粉	240g
小麦全粒粉	30g
粗びきライ麦粉	30g
インスタントドライイースト	0.3g
塩	6g
水	225g
クルミ	120～130g
粗びきライ麦粉	適量

準備と作り方

基本的に、準備(P42)、
基本の作り方(P44～47)と同じ。

ただし、クルミは、水(分量外)に1時間ほど浸してからペーパータオルで水けをきる。**STEP6**で、粉っぽさがなくなる少し手前でクルミ90gを加える。**STEP12**で、残りのクルミをちらし、ライ麦粉適量をふる。**STEP13**で、切り込みを十文字に入れる。

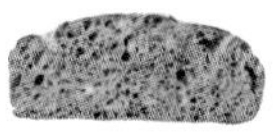

ジャスミン茶

中国茶でひと味違った風味を楽しんで。
梅ジャムやプルーンジャムがおすすめです。

材料　18㎝のラウンド1台分

準強力粉	240g
小麦全粒粉	30g
粗びきライ麦粉	30g
ジャスミン茶の茶葉(ティーバッグ)	2g
インスタントドライイースト	0.3g
塩	6g
水	225g

準備と作り方

基本的に、準備(P42)、
基本の作り方(P44～47)と同じ。

ただし、**STEP1**で、粉といっしょにジャスミン茶の茶葉もはかる。茶葉が大きいときは、ポリ袋に入れてめん棒などでたたいて細かくする。**STEP13**で、切り込みを左の写真のように格子状に入れる。

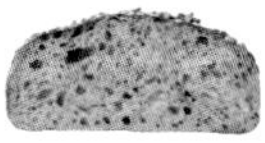

レモンの紅茶シロップ漬け

レモンティーの香りがほのかに漂います。
バターをぬって焼くだけでもおいしい。

材料　23㎝のオーバル1台分

準強力粉	240g
小麦全粒粉	30g
粗びきライ麦粉	30g
インスタントドライイースト	0.3g
塩	6g
水	225g
レモンの紅茶シロップ漬け(P56参照)	30g
押し麦	適量

準備と作り方

基本的に、準備(P42)、
基本の作り方(P44～47)と同じ。

ただし、準備で、鍋にオーブンシートを敷いたら、押し麦適量をふる。**STEP6**で、粉っぽさがなくなる少し手前でレモンの紅茶シロップ漬けを加える。**STEP12**で、押し麦適量をふる。

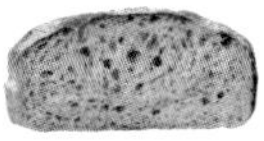

しょうがのはちみつ漬け

身体を温めてくれるハニージンジャーのパン。
はちみつをぬって食べるとおいしさアップ！

材料　23㎝のオーバル1台分

準強力粉	240g
小麦全粒粉	30g
粗びきライ麦粉	30g
インスタントドライイースト	0.3g
塩	6g
水	225g
しょうがのはちみつ漬け(P56参照)	30g
粗びきライ麦粉	適量

準備と作り方

基本的に、準備(P42)、
基本の作り方(P44～47)と同じ。

ただし、**STEP6**で、粉っぽさがなくなる少し手前でしょうがのはちみつ漬けを加える。

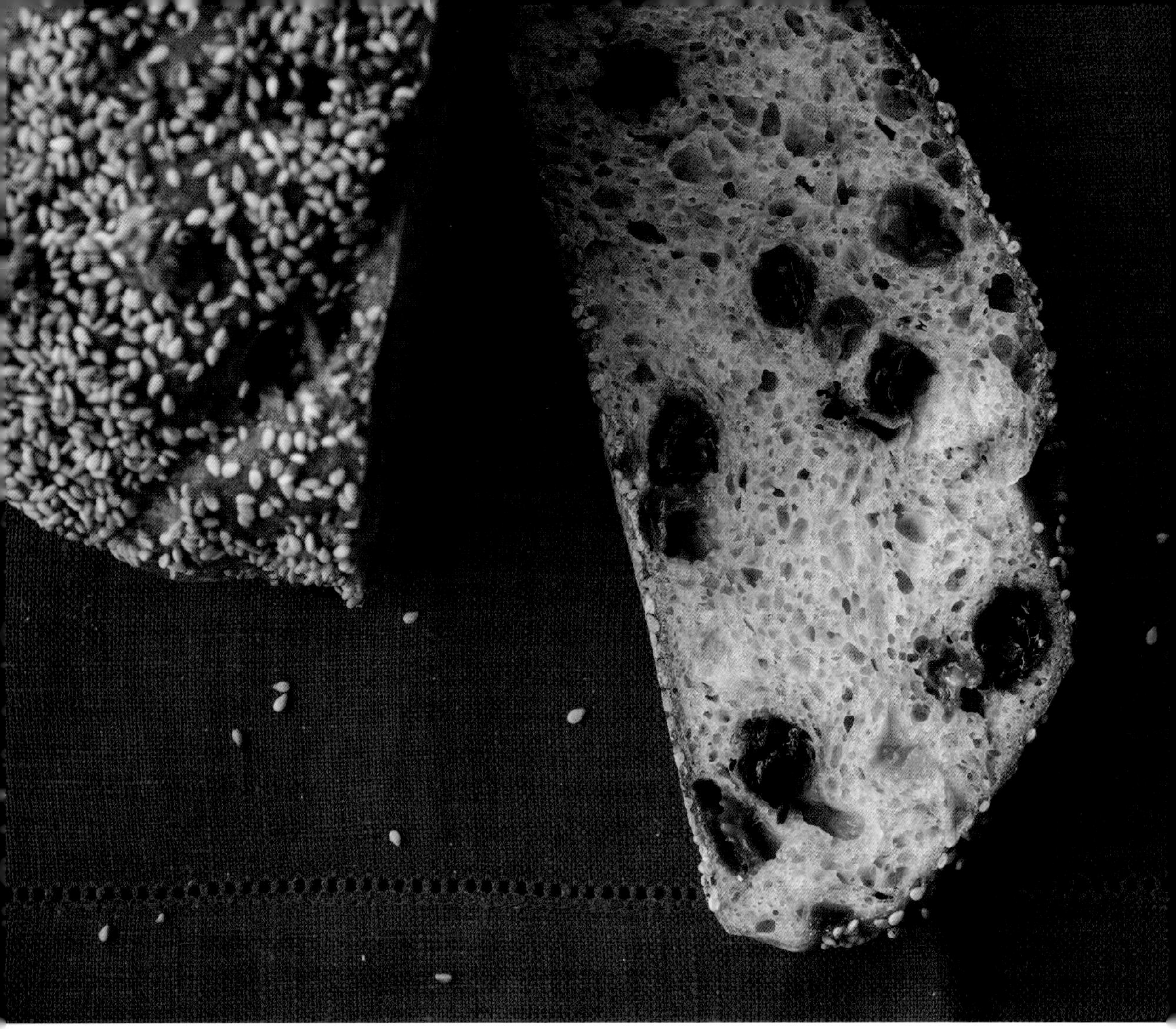

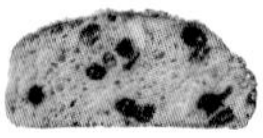

レーズンの赤ワイン漬け

**ぶどうのおいしさがしっかり味わえるパンです。
肉料理や赤ワインとも好相性。**

材料　23㎝のオーバル1台分

準強力粉	240g
小麦全粒粉	30g
粗びきライ麦粉	30g
インスタントドライイースト	0.3g
塩	6g
水	225g
レーズンの赤ワイン漬け(P56参照)	90g
白いりごま	適量

準備と作り方

**基本的に、準備(P42)、
基本の作り方(P44～47)と同じ。**

ただし、準備で、鍋にオーブンシートを敷いたら白ごま適量をちらす。**STEP6**で、粉っぽさがなくなる少し手前で、レーズンの赤ワイン漬けを加える。**STEP12**で、白ごま適量をふる。

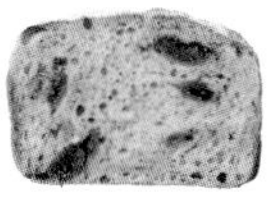

いちじくの白ワイン漬け

**かむほどにいちじくの上品な味が口の中に広がります。
レバーペーストなどと。**

材料　18㎝のラウンド1台分

準強力粉	240g
小麦全粒粉	30g
粗びきライ麦粉	30g
インスタントドライイースト	0.3g
塩	6g
水	225g
いちじくの白ワイン漬け（P57参照）	90g
粗びきライ麦粉	適量

準備と作り方

**基本的に、準備（P42）、
基本の作り方（P44 ～ 47）と同じ。**

ただし、**STEP6**で、粉っぽさがなくなる少し手前で、いちじくの白ワイン漬けを加える。**STEP13**で、切り込みをY字に入れる。

クランベリーのコアントロー漬け

親しみやすいベリーの香り。
クリームチーズをぬって、紅茶やアイスクリームと。

材料　23㎝のオーバル1台分

準強力粉	240g
小麦全粒粉	30g
粗びきライ麦粉	30g
インスタントドライイースト	0.3g
塩	6g
水	225g
クランベリーのコアントロー漬け（P57参照）	90g
粗びきライ麦粉	適量

準備と作り方

基本的に、準備（P42）、
基本の作り方（P44～47）と同じ。

ただし、**STEP6**で、粉っぽさがなくなる少し手前で、クランベリーのコアントロー漬けを加える。

ゆずピールの日本酒漬け

ゆずピールのかわりにオレンジピールやレモンピールでも。
かんきつ系の風味を楽しんで。

材料　23㎝のオーバル1台分

準強力粉	240g
小麦全粒粉	30g
粗びきライ麦粉	30g
インスタントドライイースト	0.3g
塩	6g
水	225g
ゆずピールの日本酒漬け(P57参照)	90g
粗びきライ麦粉	適量
準強力粉	適量

準備と作り方

基本的に、準備(P42)、
基本の作り方(P44～47)と同じ。

ただし、**STEP6**で、粉っぽさがなくなる少し手前で、ゆずピールの日本酒漬けを加える。**STEP12**で、準強力粉適量をふる。

シロップ漬けとお酒漬けの作り方

P50～55、P60で使用したシロップ漬けとお酒漬けの作り方です。
多めに作っておくといつでも使えて便利。密閉容器に入れて冷蔵庫で約2週間保存可能。

レモンの紅茶シロップ漬け

➡P51で使用。

材料と作り方　作りやすい分量

レモン …… 2個
紅茶（ティーバッグ） …… 3袋
熱湯 …… 150g
砂糖 …… 100g

1 レモンは洗って薄切りにし、8等分に切る。鍋に湯を沸かしてレモンを加え、ゆでてざるに上げる。
2 鍋に分量の熱湯とティーバッグを入れて5分抽出し、ティーバッグを取り出す。砂糖を加えて溶かし、**1**を加えて一煮立ちさせる。
3 冷めたら保存容器に入れる。2～3日後から使用できる。

しょうがのはちみつ漬け

➡P51で使用。

材料と作り方　作りやすい分量

しょうが …… 150g
はちみつ …… 60g
シナモンパウダー …… 0.3g

1 しょうがは皮をむいて薄切りにしてからせん切りにする。鍋に湯を沸かしてしょうがを入れ、3回煮こぼしてアク抜きする。
2 **1**にはちみつを加えて弱火にかけ、温まったらシナモンパウダーを加える。火から下ろし、冷めたら保存容器に入れる。すぐに使用できる。

レーズンの赤ワイン漬け

➡P52で使用。

材料と作り方　作りやすい分量

ドライレーズン（好みで） …… 90g
　→ここでは、カリフォルニアレーズン、グリーンレーズン、サルタナレーズンを使用。
赤ワイン …… 18g
シナモンスティック …… ½本

ボウルに材料をすべて混ぜ、保存容器に入れる。3日後から使用できる。

いちじくの白ワイン漬け

➡P53で使用。

材料と作り方　作りやすい分量

ドライ白いちじく …… 90g
白ワイン …… 18g
レモングラス（生・あれば）…… 10㎝

いちじくは8等分に切る。ボウルに材料をすべて入れて混ぜ、保存容器に入れる。
3日後から使用できる。

クランベリーのコアントロー漬け

➡P54で使用。

材料と作り方　作りやすい分量

ドライクランベリー …… 90g
コアントロー …… 18g

保存容器に材料をすべて入れる。3日後から使用できる。

ゆずピールの日本酒漬け

➡P55で使用。

材料と作り方　作りやすい分量

ゆずピール …… 90g
日本酒 …… 18g

保存容器に材料をすべて入れる。3日後から使用できる。

パイナップルのシロップ漬け

➡P60で使用。

材料と作り方　作りやすい分量

ドライパイナップル …… 70g
パッションフルーツシロップ …… 14g

保存容器に材料をすべて入れる。3日後から使用できる。

赤&白ワイン

→材料と作り方／P60

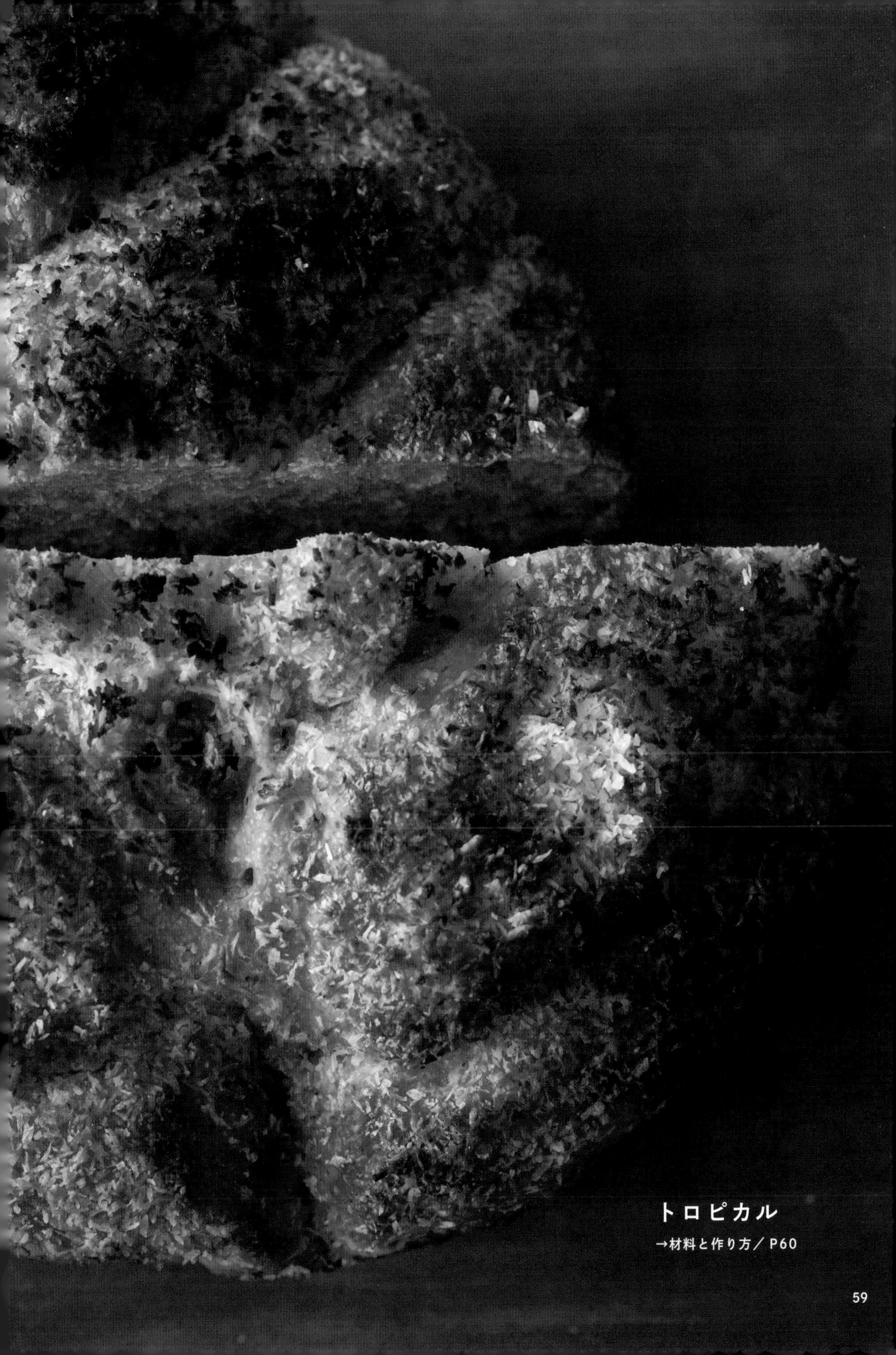

トロピカル

→材料と作り方／P60

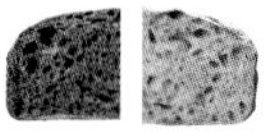

赤&白ワイン

**お酒が飲めない人もワインの味が楽しめます。
ポイントはワインを煮詰めて濃縮すること。**

材料　23cmのオーバル1台分

準強力粉	240g
小麦全粒粉	30g
粗びきライ麦粉	30g
インスタントドライイースト	0.3g
塩	6g
水	105g
煮きり赤ワイン(白ワインも同量／右記参照)	120g
粗びきライ麦粉(赤ワインの場合)	適量
準強力粉(白ワインの場合)	適量

準備と作り方

**基本的に、準備(P42)、
基本の作り方(P44～47)と同じ。**

ただし、**STEP5**で、煮きり赤ワイン(煮きり白ワインも同様)を分量の水といっしょに加える。準備、**STEP12**でライ麦粉適量をふる(白ワインの場合は準強力粉)。**STEP13**で、斜めに5～6本切り込みを入れる。

**□ 煮きりワインの作り方
(でき上がり約160g)**
鍋に赤ワイン約200gを入れて火にかけ、アルコールをしっかり飛ばす(白ワインも同様)。

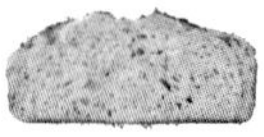

トロピカル

**パイナップルのシロップ漬けのかわりに、
ドライマンゴーやドライバナナを入れてもおいしい。**

材料　18cmのラウンド1台分

準強力粉	240g
小麦全粒粉	30g
粗びきライ麦粉	30g
インスタントドライイースト	0.3g
塩	6g
オレンジジュース(100%)	120g
水	105g
パイナップルのシロップ漬け(P57参照)	60g
ココナツファイン	適量

準備と作り方

**基本的に、準備(P42)、
基本の作り方(P44～47)と同じ。**

ただし、準備で鍋にオーブンシートを敷いたら、ココナツファイン適量をちらす。**STEP5**で、オレンジジュースを分量の水といっしょに加える。**STEP6**で、粉っぽさがなくなる少し手前で、パイナップルのシロップ漬けを加える。**STEP12**で、ココナツファイン適量をふる。**STEP13**で、斜めに5～6本切り込みを入れる。

フォカッチャ風の高加水パンを作りましょう

基本の高加水パンの生地よりかための生地がフォカッチャ生地です。水の量を減らしてオリーブ油を加え、焼く間にオリーブ油でパンを揚げるイメージです。生地を押しながら混ぜることでグルテンが強くなり、ふんわりふわふわのパンに仕上げます。

基本のフォカッチャ風高加水パン

前日に一次発酵を行わなくていいので、当日に作れます。
粉を押さえながら混ぜること、
そして一次発酵後の生地を台の上で折りたたむ作業を行うことが、
このパン作りの特徴です。

材料　18㎝のラウンド1台分

準強力粉	300g
インスタントドライイースト	1.5g
塩	6g
水	210g
オリーブ油	24g
打ち粉（準強力粉）	適量
オリーブ油	適量

準備

オーブンシート（P9参照）を敷いた鍋にオリーブ油適量をゴムべらでのばす。

油のこと

オリーブ油以外でもおいしく焼けます。それぞれ風味が違うのでいろいろな油で試してみるといいでしょう。写真は左から、オリーブ油、米油、エゴマ油、アマニ油、ごま油。

作り方

STEP 1
粉とイーストをはかる

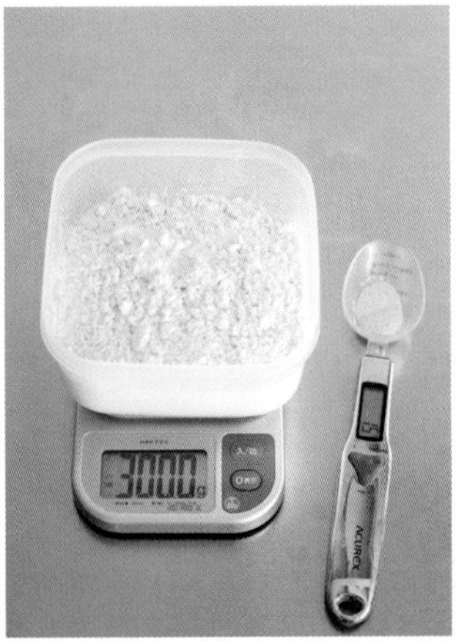

密閉容器をはかりにのせて粉をはかり、イーストは微量はかりではかって粉の上に入れる。

STEP 2
混ぜる

ゴムべらで下から上に持ち上げるようにして軽く数回混ぜ、片側に寄せる。

STEP 3
塩を加える

塩を微量はかりではかって、**2**のあいたところに入れる。

STEP 4
水の温度を決める

水の温度をはかり、「75－室温－粉の温度＝水の温度」にする。
＊温度が低いときは湯を、高いときは冷水や氷を加えて調整する。

STEP 5
水を加える

3のあいたところに水を注ぎ入れる。はかりの数字を見ながら分量の水を入れる。

STEP 6
オリーブ油を加える

5にオリーブ油をはかりの数字を見ながら加える。

STEP 7

混ぜる

ゴムべらで粉を少しずつくずしながら水、油と混ぜていく。

全体に混ざったら、容器を回しながら、生地をすくう→返す→軽く押さえる、を繰り返す。

粉っぽさがなくなるまで繰り返す。

STEP 8

ならす

ゴムべらで平らにならす。

STEP 9

一次発酵

ふたをして30℃で
1時間発酵。

発酵機能がついているオーブンは、それを利用すると便利。室温(25℃)なら2時間くらい。膨らむ目安は約1.5倍。

1.5倍に膨らみます！

STEP 10

生地を取り出す

台に容器の大きさより一回り広い範囲に多めに打ち粉をし、生地をゴムべらで取り出す。

STEP 11

折りたたんで重ねる

だいたい四角形になるように形をととのえ、両端を持って中央に折りたたみ、反対側も同様にして折りたたむ。向きをかえ、同様に両端を持って中央に折りたたみ、反対側も同様に折りたたむ。

STEP 12

鍋に入れる

準備した鍋に、**11**をひっくり返して入れる。生地が台からはずれにくいときは、ゴムべらを生地の下に差し込むと簡単にはずれる。

STEP 13

ならす

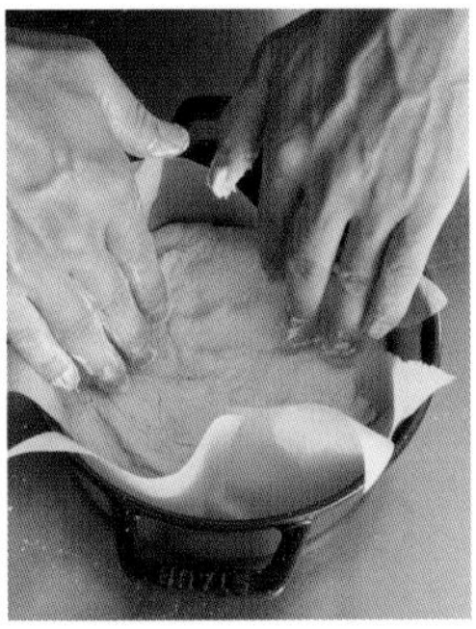

表面を指で押しながらならし、ふたをする。

STEP 14

二次発酵

ふたをして30℃で40分発酵。

発酵機能がついているオーブンは、それを利用すると便利。室温(25℃)なら1時間くらい。膨らむ目安は約1.5倍。

STEP 15

オリーブ油をぬる

ふたをあけて、オリーブ油を小さじ2くらいかけ、ゴムべらで全体にのばす。

＊オリーブ油をかけるのは、乾燥を防ぎながら表面を香ばしく焼き上げるため。

STEP 16

穴をあける

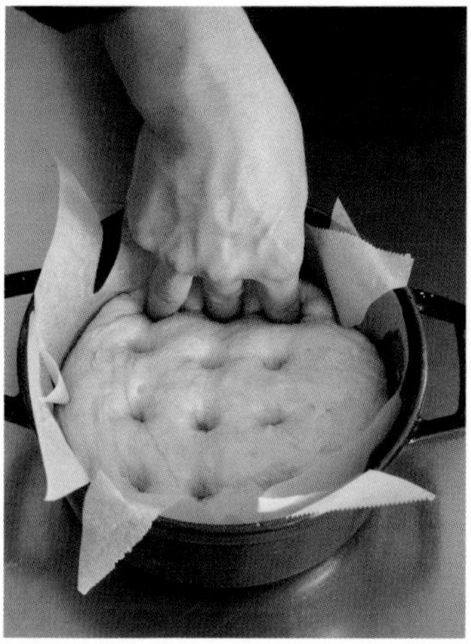

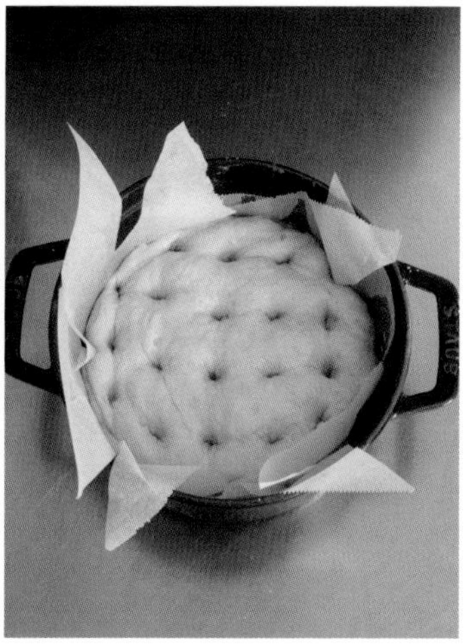

3本の指を生地に差し込む。写真くらいの感覚で、表面全体に穴をあける。

＊生地に圧力をかけ、その反発力で生地を膨らませるため。

STEP 17

焼成

電気オーブン＝250℃に予熱する。250℃で10分、ふたを取って15～20分焼く。
ガスオーブン＝230℃に予熱する。230℃で10分、ふたを取って15分焼く。

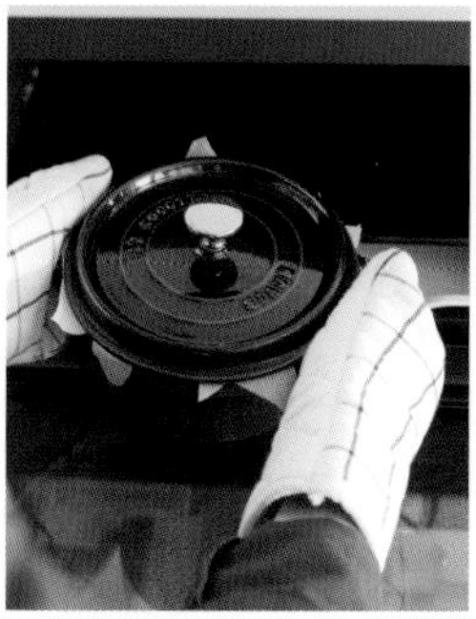

予熱したオーブンへ入れて10分焼く。

オーブンをあけてふたを取り、再び15～20分焼く。

鍋から取り出して冷ます。

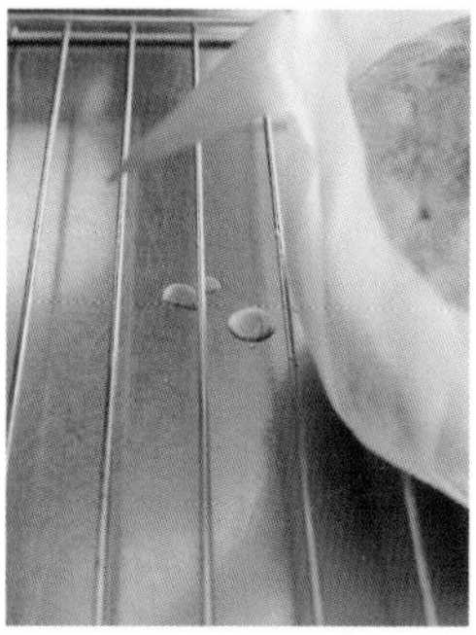

鍋底の油がとぶことがあるので注意して。

VARIATION

基本のフォカッチャ風高加水パンにジュースやペースト、ハーブなどを加えると、いろいろな色みや味が楽しめます。素材に合った油を使うのがポイントです。

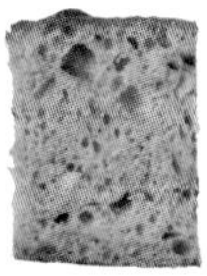

トマトピューレ

モッツァレラチーズをのせてトーストするだけでも、おいしく食べられるパンです。

材料　18cmのラウンド1台分

準強力粉	300g
インスタントドライイースト	1.5g
塩	6g
トマトピューレ	90g
水	120g
オリーブ油	24g
打ち粉(準強力粉)	適量
オリーブ油	適量

準備と作り方

基本的に、準備(P62)、
基本の作り方(P64～67)と同じ。

ただし、**STEP5**で、トマトピューレを水といっしょに加える。

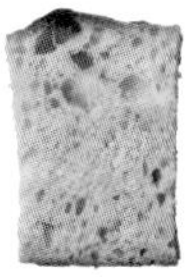

にんじんジュース

カロテンたっぷりのうれしいパン。チキンカレーなどとよく合います。

材料　18cmのラウンド1台分

準強力粉	300g
インスタントドライイースト	1.5g
塩	6g
にんじんジュース(100%)	90g
水	120g
オリーブ油	24g
打ち粉(準強力粉)	適量
オリーブ油	適量

準備と作り方

基本的に、準備(P62)、
基本の作り方(P64～67)と同じ。

ただし、**STEP5**で、にんじんジュースを水といっしょに加える。

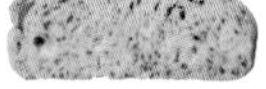

バジルペースト

ほのかにかおるハーブの風味を楽しんで。
マスカルポーネをのせてトーストすれば絶品！

材料　23㎝のオーバル1台分

準強力粉	300g
インスタントドライイースト	1.5g
塩	6g
バジルペースト（市販）	30g
水	210g
オリーブ油	24g
打ち粉（準強力粉）	適量
オリーブ油	適量

準備と作り方

基本的に、準備（P62）、
基本の作り方（P64 ～ 67）と同じ。

ただし、**STEP5** でバジルペーストを水といっしょに加える。

かぼちゃペースト

**色鮮やかだから見るからにおいしそう。
ホワイトシチューなどといっしょにどうぞ。**

材料　17㎝のオーバル1台分

準強力粉	300g
インスタントドライイースト	1.5g
塩	6g
かぼちゃペースト（市販）	90g
水	120g
オリーブ油	24g
打ち粉（準強力粉）	適量
オリーブ油	適量

準備と作り方

**基本的に、準備（P62）、
基本の作り方（P64 ～ 67）と同じ。**

ただし、STEP5で、かぼちゃペーストを水といっしょに加える。

黒ごまペースト

ごまの香ばしさとプチプチ感が楽しめるパンです。
和風サラダや豚しゃぶサラダと。

材料　23㎝のオーバル1台分

準強力粉	300g
白いりごま	30g
インスタントドライイースト	1.5g
塩	6g
黒ごまペースト（市販）	30g
水	210g
ごま油	24g
打ち粉（準強力粉）	適量
ごま油	適量

準備と作り方

基本的に、準備（P62）、
基本の作り方（P64 ～ 67）と同じ。

ただし、**STEP 1**で、白ごまを粉といっしょにはかる。**STEP 5**で、黒ごまペーストを水といっしょに加える。準備、**STEP 6**と**STEP 15**のオリーブ油をごま油にかえる。

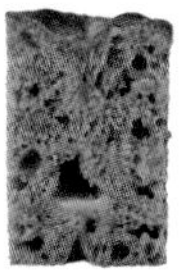

みそチーズ

みそに塩分があるので、塩は加えません。
意外な組み合わせですが味のバランスは◎。

材料　23㎝のオーバル1台分

準強力粉	300g
インスタントドライイースト	1.5g
赤みそ	30g
水	180g
米油	24g
とろけるチーズ（シュレッド）	60g
打ち粉（準強力粉）	適量
米油	適量

準備と作り方

基本的に、準備（P62）、
基本の作り方（P64 ～ 67）と同じ。

ただし、赤みそは同量の水30g（分量外）で溶き、**STEP 5**で水といっしょに加える。**STEP 7**で、粉っぽさがなくなる少し手前でチーズを加える。準備、**STEP 6**、**STEP 15**のオリーブ油を米油にかえる。

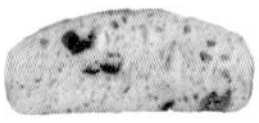

アンチョビオリーブ

**アンチョビ入りのスタッフドオリーブを使ってもOK。
相性抜群のコンビだからおいしさ倍増！**

材料　23㎝のオーバル１台分

準強力粉	300g
インスタントドライイースト	1.5g
塩	6g
水	210g
アマニ油	24g
アンチョビ（フィレ）	１枚（4g）
ブラック＆グリーンオリーブ（瓶詰）	合わせて90g
打ち粉（準強力粉）	適量
アマニ油	適量

準備と作り方

**基本的に、準備（P62）、
基本の作り方（P64 ～ 67）と同じ。**

ただし、**STEP7**で、粉っぽさがなくなる少し手前で、粗みじん切りにしたアンチョビと半分に切ったオリーブを加える。準備、**STEP6**、**STEP15**のオリーブ油をアマニ油にかえる。

ドライ＆フレッシュハーブ

焼きたてにフレッシュハーブをさし込むと、
ハーブの香りがふわっと広がります。

材料　23㎝のオーバル1台分

準強力粉	300g
インスタントドライイースト	1.5g
ミックスドライハーブ	0.3g
塩	6g
水	210g
エゴマ油	24g
フレッシュハーブ（ローズマリーなど）	適量
打ち粉（準強力粉）	適量
エゴマ油	適量

準備と作り方

基本的に、準備（P62）、
基本の作り方（P64 ～ 67）と同じ。

ただし、**STEP 1**で、ミックスドライハーブを粉といっしょにはかる。準備、**STEP 6**、**STEP 15**のオリーブ油をエゴマ油にかえる。フレッシュハーブは焼き上がりに穴にさして香りを移す。

のせて、はさんで楽しむ高加水パン

でき上がった高加水パンの楽しみ方の提案です。
具材をのせてタルティーヌにしたり、はさんでサンドイッチにしたり……。
朝食やランチにぴったりです。

ニース風サラダのタルティーヌ

野菜がたっぷりのってボリューム満点！

材料と作り方　2人分

パン（基本の高加水パン／P14参照）…… 2枚
レタス …… 2枚
ブロッコリー …… ¼株
トマト …… ½個
ツナ …… ½缶
ブラックオリーブ（種抜き）…… 3個
オリーブ油 …… 大さじ3
酢 …… 大さじ1
塩、こしょう …… 各少々

1　レタスは冷水に放ち、パリッとしたら水けをきる。ブロッコリーは小房に分けてさっと塩ゆでし、ざるに上げて粗熱を取る。トマトは大きめの角切りにする。

2　ボウルに酢と塩を入れて混ぜて溶かす。オリーブ油を少しずつ加えながら混ぜて乳化させ、塩、こしょうで味をととのえる。ブロッコリーとトマト、汁けをきったツナを加えて和える。

3　パンにレタス、**2**、輪切りにしたブラックオリーブを彩りよくのせる。

卵とハーブのタルティーヌ

ゆで卵をざっくりとつぶすのがおいしさの秘訣。

材料と作り方　2人分

パン（ふすま／P21参照）…… 2枚（薄切り）
ゆで卵 …… 2個
マヨネーズ …… 大さじ2
ヨーグルト …… 大さじ2
ディル …… 2枚
塩、こしょう …… 各少々

1　ボウルにフォークでざっくりつぶしたゆで卵、マヨネーズ、ヨーグルト、ディルの葉を入れ、塩、こしょうを加えて混ぜ合わせる。

2　パンの上に**1**をのせる。

TARTINE

スモークサーモンのタルティーヌ

さわやか味でさっぱりといただけます。

材料と作り方　2人分

パン（基本のカンパーニュ風高加水パン／ P42参照）
　…… 2枚
セロリ …… $\frac{1}{8}$本
パプリカ（黄） …… $\frac{1}{4}$個
スモークサーモン …… 10枚
A　オリーブ油 …… 大さじ2
　ライム（またはレモン）のしぼり汁 …… $\frac{1}{2}$個分
　しょうゆ …… 小さじ1
　粗びき黒こしょう …… 少々
イタリアンパセリ …… 適宜
ライムの薄切り …… 適宜

1. セロリは筋を取り、パプリカはへたと種を取ってそれぞれさいの目切りにする。スモークサーモンもさいの目切りにする。
2. ボウルに**1**と**A**を入れて和え、パンにのせる。イタリアンパセリとライムの薄切りを飾る。

アボカドカプレーゼのタルティーヌ

好相性の具材のハーモニーがたまりません！

材料と作り方　2人分

パン（基本のフォカッチャ風高加水パン／ P62参照）
　…… 2枚
アボカド …… $\frac{1}{2}$個
レモン汁 …… 少々
モッツァレラチーズ …… 50g
ミニトマト …… 6個
オリーブ油 …… 小さじ2
塩 …… 少々
フレッシュバジル …… 適宜

1. アボカドとモッツァレラチーズは角切りにし、アボカドにはレモン汁をふる。ミニトマトはへたを取って4等分に切る。
2. ボウルに**1**を入れてざっくりと混ぜ、パンにのせる。オリーブ油をかけて塩をふり、バジルを飾る。

BLCTサンド

BLTサンドにチーズをプラスした贅沢なサンドイッチ。

材料と作り方　2人分

パン（フライドオニオン／P32参照）…… 4枚
ベーコン …… 2枚
レタス …… 1枚
チェダーチーズ（スライス）…… 2枚
トマトの薄切り …… 2枚
粒マスタード …… 小さじ1

1　レタスは冷水に放ち、パリッとしたら水けをきる。ベーコンはフライパンでカリッとするまで両面を焼く。
2　パンに粒マスタードを塗り、**1**とチーズとトマトをのせ、もう1枚でサンドする。

生ハムとルッコラのクリームチーズサンド

いちじくの甘みと生ハムの塩味が好相性。

材料と作り方　2人分

パン（いちじくの白ワイン漬け／P53参照）…… 4枚
クリームチーズ …… 大さじ3
レモンの皮としぼり汁 …… ¼個分
粗びき黒こしょう …… 少々
ルッコラ …… 4枚
生ハム …… 2枚

1　ボウルにクリームチーズ、レモンの皮のせん切りとしぼり汁、粗びき黒こしょうを入れて混ぜ合わせる。
2　パンに**1**をぬり、ルッコラと生ハムをのせて、もう1枚でサンドする。

SANDWICH

焼き野菜サンド

味の決め手はバルサミコ酢。焼き野菜によく合います。

材料と作り方　2人分

パン（かぼちゃペースト／P71参照）…… 4枚
なす …… ½本
ズッキーニ …… ¼本
玉ねぎ …… ¼個
パプリカ（赤）…… ¼個
オリーブ油 …… 大さじ1
にんにく …… ½片
バルサミコ酢 …… 小さじ1
塩、こしょう …… 各少々

1　なすとズッキーニはへたを取って、輪切りにする。玉ねぎは薄めのくし形切りにする。パプリカはへたと種を取って、長めの乱切りにする。

2　フライパンにオリーブ油とつぶしたにんにくを入れて中火にかけ、香りが立ったら1を加えて塩ひとつまみをふり、焦げ目がつくまで両面を焼く。パンにのせ、バルサミコ酢、塩、こしょうをふって、もう1枚でサンドする。

豆腐とナッツのベジディップサンド

パンのごま風味が具材の引き立て役になります。

材料と作り方　2人分

パン（黒ごまペースト／P72参照）…… 4枚
木綿豆腐 …… ¼丁
ミックスナッツ …… 大さじ2
A　ごま油 …… 大さじ1
　酢 …… 小さじ1
　塩 …… 小さじ½
　こしょう …… 少々
かぼちゃのスライス（5㎜厚さ）…… 4枚
にんじん …… ¼本
水 …… 50㎖
塩、こしょう …… 各少々

1　ボウルに水切りした豆腐と砕いたミックスナッツ、Aを入れて混ぜ合わせ、ディップを作る。

2　フライパンにかぼちゃと5㎜厚さにスライスしたにんじんを並べて水を入れ、ふたをして中火で蒸し煮にする。軽く火が通ったら、ふたを取って表面に焼き色をつけ、塩、こしょうをふる。

3　パンに1を塗り、2を並べてのせ、もう1枚のパンでサンドする。

堀田 誠　MAKOTO HOTTA

1971年生まれ。「ロティ・オラン」主宰。高校時代にスイス在住の叔母の家で食べた黒パンのおいしさに感動したことや、大学時代に生物学の研究室で酵母を学んだことがきっかけでパンに興味を持ち、給食パンなどを扱う大手パン工場に就職。そこで出会った仲間に「シニフィアン シニフィエ」（東京・三宿）の志賀シェフを紹介され、本格的にパンの道に進む。その後、当時志賀シェフの弟子だった3人とベーカリーカフェ「オラン」を開業。2006年、「ユーハイム」で新店舗の立ち上げに携わったのち、再び志賀シェフに師事。「シニフィアン シニフィエ」に3年勤務したのち、2010年、パン教室「ロティ・オラン」（東京・狛江）をはじめる。著書に『誰も教えてくれなかった プロに近づくためのパンの教科書』『同・発酵編』『同・レシピ作り編』『「ストウブ」で、こだわりパン』（以上小社）、『ロティ・オランの高加水パン』（PARCO出版）がある。
http://roti-orang.seesaa.net/

「ストウブ」で、パン

2014年 9 月30日　初版発行
2021年10月20日　新装版初版印刷
2021年10月30日　新装版初版発行

著　者　堀田 誠
発行者　小野寺優
発行所　株式会社河出書房新社
〒151-0051　東京都渋谷区千駄ヶ谷2-32-2
電話　03-3404-1201〈営業〉
03-3404-8611〈編集〉
https://www.kawade.co.jp/
印刷・製本　凸版印刷株式会社

Printed in Japan
ISBN978-4-309-28930-4

●本書は小社刊行『「ストウブ」で、パン』（2014年9月）を新装したものです。

デザイン
小橋太郎（Yep）

撮影
南雲保夫

スタイリング
池水陽子

パン制作アシスタント
今井桃恵

料理（P76 ～ P79）
浅見由希子

企画・編集
小橋美津子（Yep）

撮影協力
○ストウブ
（ツヴィリング J.A. ヘンケルス ジャパン）
お客様相談室　0120-75-7155
http://www.staub.jp/
公式オンラインショップ
http://www.zwillingonline.jp/

○デニオ総合研究所
http://www.deniau.jp/

○寿物産
http://www.kotobuki-b.com

本書の内容に関するお問い合わせは、お手紙かメール（jitsuyou@kawade.co.jp）にて承ります。恐縮ですが、お電話でのお問い合わせはご遠慮くださいますようお願いいたします。